AF369585

LE MARQUIS

DE

PLŒUC

L'Ame et l'Honneur.

Devise des DE PLŒUC.

PARIS-AUTEUIL

IMPRIMERIE DES APPRENTIS-ORPHELINS, ROUSSEL

40, rue La Fontaine, 40

1887

M. LE MARQUIS DE PLŒUC

DÉCÉDÉ LE 25 AOUT 1887.

LES OBSÈQUES

DE

M. LE MARQUIS DE PLŒUC

LE 28 AOUT 1887

L'Ame et l'Honneur.
Devise des DE PLŒUC

Ann aotrou ar markiz a Plœüc, bet gwechall eil rener eus ar Bank Franç, a zo tremenet eus ar bed-ma d'ar bed all d'ar bemp war-n-ugent eus a viz eost 1887, varlerc'h beza bet ebquen tri deiz lanvk, e maner Kerguelegan, e parrès Landrevarzec, canton Briec, teir leo eus Kemper.

Ganet er bloavez triouec'h kant pemzec, Alexandre-Marie-Sébastien Plœüc a zlee abarz nemeur peur-echui he zaouzecvet bloavez ha tri-ugent.

Ar markiz a Plœüc n'eo ket eus ann

dud-ze da bere n'ho deus keus nemet ho c'herent-nez hag ho amezeien tosta.

Rac bet eo bet enn c'hargou ar re huella, bet eo bet kannad aberz ar France e touez kuzulierien ar Rouân-teleziou a gare hor bro. E deizion kalet ha gwal-eurus, eur skoazell eus ar re vrassa hen deus bet roet d'ar vamm vro.

Rac-ze ne deo ket ebquen d'he vugale muia karet, mœs c'hoaz d'he genvroïz hen deus roet ar skouer vad eus eur vuez e pehini e splana, e para ann enor hag al lealdet.

Ar vuez-man dleefe beza scrîvet. A vrema ni a fell deomb lavaret anez-hi eur ger benac e tanevella ann enoriou diveza douget dez-han.

Aotrounez, Introunezet Mignoun, kar d'an Aotrou a Plœüc a bed depute assembles gant-han, e talc'hinn ac'hanoc'h eun neubeudic e kichen e gorf evit lavaret doc'h ar glac'-

har a ra dinn e dremenvan, ar glac'-
har-ze a zo ive hoc'-hini. Goude ma vezo
eanet ar beden da vont euz ar c'halonou
varzu Doue, ar pez adleomp da c'hou-
lenn digant ar maro eo he guenteliou. E
buez an Aotrou a Plœüc e cavomp
skueriou nerzus ha talvoudus. Plijout a
ra dinn comz anezo dirag he vab a gare
euz eur garantes ken tener hag ivez dirag
e zaou niz iaouank a bere e comze
gant karantez, ezeuz hirio pemzecdeiz
pa oan bet ouz e welet e Guerguelegan.

Tremen daou uguent vloas zo, an
Aotrou a Plœüc den—jentil iaouank a
Vreis a ie da Baris, heb danves hag heb
protection. E blaç en doa da ober;
gouzout ha rit ag hen a zo deut a benn
euz quement-se. Er guelet o peuz er
c'hargou huel en doa gounezet. Pe-seurt
hent en doa kemeret evit o c'haout ?
Hent an enor bepred. Ar santimanchou
a enor hen hentche hag a ioa e reolen.

O veva e touez an arc'hant e oa galvet da veva var eun hent risclus. Meur a hini enem gav var an hentze leun a honestis, a volontes vad hag a deu da riscla ha da goueza. La varomp ractal hag a vouez huel evit e veuleudi, an Aotrou a Plœuc ne reas morse var an hent ze pas fall ebed. E pelleat diouz ar c'hargou public e c'henem lakeas e penn eur zociete hag a grede guellout renta servich de vro : mœs heb dale e welas eno, nann dislealded, mœs tud re hardiz hag a felle dezo gounid arc'hant re vuhan. Ractal e c'henem dennas eb savar hag éb trouz, mœs da vad.

E buez an Aotrou a Plœüc e zeuz eun dra hag a lakaï e hano da veza hanvezet pell amzer e touez an dud. Ar re a vev en e amzer o deuz buhan ancounac'heat ar vad en deuz great, mœs en amzer da zont e vezo dalc'het dez-han anaoude-guez vad, hag aman ne lavaran netra re. E Paris epad derveziou euzus ar gommun, e tivennas Bank Franç bemdez, epad·daou vis, gand danger e vuez, a eneb eur vandenn trubarded. Var Bank Franç oa neuse diazezet peb cred hag an arc'hant a ioa enny a dlie talvezout da zicour hor bro da enemb zevel. Ne ma ket aman al leac'h da enem glemm, evelato n'ounn ket evit miret da lavaret, d'ar mareze den n'en doa c'hoant da vont e plaç an Aotrou a Plœüc da c'houarn ar Bank. Var guement-ze e teu souj dinn euz eun dra e meuz guelet va unan. E palœs Versailles e oa, e mis maë 1871, unan deuz Commissionou an deputeed a ioa eno, commission an drivac'h a vis meurs. Unan euz an testou oa an Aotrou a Plœüc, lavaret a reas deomp peguen tenn en doa cavet rei da drubardet ar gommun 16 million. Seblantout a rea goulen oun-than e unan hag hen a c'helle rei 16 million evit savetei tost da dri milliard a ioa er Bank. Penaos, Aotrou kez, a lavaras an Aotrou Daru hor presidant, den honest ivez, « penaos ênem excusi a rit, mœs enem veuli eo a dleefac'h. »

Lamet e oa digant-han e garg, gouzout ha rit penaos a gant piou. Veuze ann neuze aotrou a Plœüc a enem roas oll d'ann oberou mad, d'ann œuvrou a drugarez, hag ivez evit sicour ar skoliou christen. Em c'hichen e zeuz eur beleg, dinn a enor, hanvezet dre ar bed dre e oberou mad, hag a c'hellfe lavaret deoc'h gant pebez akquet, gand pebez kaloun, an hini a wouelomp hirio a rea ar mad hag a enem zave a eneb an drouc. O tont en hon touez, an aotrou Roussel a ziskouez en eur fœçoun sklear pebes istim ha pebez karantez hen doa evit an aotrou a Plœüc.

Seblantout a ra dinn en deuz nan Aoutrou Doue er galvet evit rei dezhan e recoumpans euz al leac'h memes ma en deuz great ar muia vad evit gounid e gurunen.

E parrès Landrevarzec e kaver stank a stank merkou euz e vad-oberou ha re e famill. E dad eo a lakeas ober adarre e eur parrès euz Landrevarzec, hen a reas repari ann ilis hag a goumansas d'he hempenna. Ar bloaveziou diveza euz e vuez a dremenas e Kerguelegan Landrevarzec he barrès ken caret; eno e roe d'ann oll skuer eur gosni christen ha leunn a enor. E vab a guendalc'has da ober evel-t-han. Savet en deuz e Landrevarzec eur skol gristen hag a zo enny ann urz ar c'haëra hag an descadurez ar guella; er soutenn a rea divar he goust e unan. Ne c'helle ket rei netra guelloc'h na talvoudus-soc'h da barrisionis Landrevarzec, en o zouez e kare choum beb bloas meur a zizun.

Brema e zeuz eun neubeud derveziou, pa zantas coumansamant ar boan gris a dlee el lamet diganeomp, e sonjas en e stad ganc ar brassa nerz kaloun. O veza n'edo ket er guear, ne c'helle ket receo sicour ha consolation e bersoun a gare kement; he vignoun oa, e guzulier aweachou, hag alies karguet gan-t-han da rei he aluzennou; neuse e c'halvas an aotrou kure. Lavaret a reas dez-han : aotrou kure, iaouank oc'h c'hoas; eun dra denn e meuz da c'houlenn diganeoc'h; mœs beleg oc'h. Adori a rann Doue hag enem rezina a rann ivez d'he volontez santel; goulen a rann sicour diganeoc'h, e tre ho taouarn e c'henemb lakaan evit mervel e guir gristen. Komsou caër, Aoutrou nez, ha kentel tal voudus! Ar c'homzou ze, va mignoun, n'ho pezo ket lavaret anezo en aner, memes evit ar re all, rag ni a sonjo enn-ho alies.

Hor possubl a raïmp evit heul ar skuer o peuz roët deomp. Rak-ze ivez, gant ar brassa fizians eo e lavaromp deoc'h : kenavo e Barados ann Aoutrou Doue.

9 782329 555928